RÉPONSE

AUX DISCOURS

DE S. M. NAPOLÉON III,

EMPEREUR DES FRANÇAIS

SUR

LA PROSPÉRITÉ DE LA FRANCE,

PAR

A.-F. PITIOT,

Instituteur et ancien rédacteur du *Moraliste de Givors*.

1re Livraison.

L'ouvrage formera 8 Livraisons environ,

À **50 c.**

PARIS ET LYON

CHEZ LES PRINCIPAUX LIBRAIRES.

1863

RÉPONSE
AUX DISCOURS

DE S. M. NAPOLÉON III,

EMPEREUR DES FRANÇAIS

SUR

LA PROSPÉRITÉ DE LA FRANCE,

PAR

A.-F. PITIOT,

Instituteur et ancien rédacteur du *Moraliste* de Givors.

<hr>

PARIS ET LYON

CHEZ LES PRINCIPAUX LIBRAIRES.

—

1863

LYON. — IMPR. ET LITH. DE TH. LÉPAGNEZ, PETITE RUE DE CUIRE, 10.

RÉPONSE

AUX DISCOURS

DE S. M. NAPOLÉON III,

EMPEREUR DES FRANÇAIS

SUR LA PROSPÉRITÉ DE LA FRANCE

SIRE,

En nous permettant d'adresser à Votre Majesté, dans cet opuscule, quelques observations sur la prospérité de la France, nous n'agissons pas sous l'impression d'un intérêt immédiat, nous sommes seulement ambitieux de l'estime publique, et particulièrement désireux d'obtenir d'un prince éclairé et bienfaisant un regard de bonté en faveur de nos bonnes intentions. Si nos idées ont mérité de Votre Majesté une légère appréciation, ce sera pour nous un prix glorieux dont nous aurons droit de nous enorgueillir, et un témoignage de bonté qui fortifiera l'amour et le respect dont nous sommes pénétré dans l'admiration de vos éclatantes vertus.

C'est du fond de notre mansarde où nous ont relégué les vicissitudes de la vie humaine et les infirmités d'un grand âge qui ont fait fuir notre famille; c'est dans cet isolement où, livré aux méditations qu'inspire l'école du malheur et de l'expérience, entouré de quelques vieux livres à bons conseils, que nous nous sommes livré à la recherche des institutions qui peuvent améliorer le sort d'un état, et arrêter la fougue des passions : et que nous avons osé nous poser en face de Votre Majesté pour vous faire part de nos observations sur l'état de la société actuelle. Nos lumières sont faibles, Sire, mais nos intentions sont pures; si notre sagacité est au-dessous de nos prétentions, notre cœur ne sera jamais en défaut; voici notre devise : Gloire à Dieu, honneur à notre souverain , obéissance aux lois, guerre au monopole, protection à l'agriculture.

Détruire les passions, changer les principes vicieux, régénérer les idées civilisatrices, c'est trop d'ouvrage pour nous; nous réduirons notre tâche à prouver seulement que la prospérité tourne dans un cercle trop petit pour une grande nation. Notre rédaction est simple mais nous aimons mieux être utile au peuple que d'être admiré par les savants (1).

PREMIÈRE LECTURE.

Nous attaquons la question des cotonniers, parce qu'elle est, au moment où nous écrivons, la plus

---

(1) Notre livre est destiné à aller entre les mains des professeurs et des vieillards agriculteurs, afin qu'ils en fassent les lectures à leurs élèves et à leurs petits enfants.

saillante. M. A. de Roland, dans une note au *Progrès*, journal de Lyon, du 10 janvier, sur les ouvriers cotonniers, a cru trouver le remède de leur misère dans l'appel aux paysans, qui donnent, dit-il, généreusement ce que leur rend le sol qu'ils cultivent; dès lors, il suffira que dans chaque commune une personne notable se charge de recueillir les dons en nature, et de les faire transporter gratis au chef-lieu d'arrondissement par les compagnies du chemin de fer.

Cette idée, suivant M. de Roland, n'attend plus que la pratique pour que tout le monde soit heureux, et la grande misère qui afflige les ouvriers, disparaîtra comme par enchantement.

Nous voudrions que cela fût aussi aisé que le pense cet écrivain, et que cette générosité, qu'il suppose dans le cœur des paysans, disposés à donner généreusement ce que leur rend leur sol, fût aussi vraie et aussi efficace qu'il le pense; mais non-seulement nous doutons de la générosité des agriculteurs, mais nous pensons qu'ils préféreront vendre leurs produits pour payer leurs impositions, liquider leurs propriétés dont sept huitièmes sont ordinairement grevés par des achats anticipés, ou pour acheter un coin de terre afin de régulariser ou d'agrandir la leur. Cette convoitise et la rare libéralité qui caractérise l'homme de la campagne, ne suffisent-elles pas pour nous empêcher de croire à la générosité des cultivateurs qui, certes, ne font pas des inventaires de deux cent mille francs et ne manipulent pas l'argent comme nos industriels?

Ce remède, du reste, ne serait qu'un palliatif à la misère des ouvriers, et les soulagements que recevraient ceux qui sont en chômage et dont font partie, non-seulement les ouvriers cotonniers, mais encore les ouvriers en soie, en feutre, en cuir, les rubanniers, les métallurgistes, etc., ne pourraient être que momentanés.

Nous avons en France vingt millions de travailleurs ; nous en supposons un million toujours en chômage et qui, par conséquent, auraient droit aux bienfaits de la société.

Or, qu'on examine ce que peuvent dépenser ces travailleurs, eux et leur famille, et l'on conviendra que toutes les souscriptions et les dons en nature des cultivateurs ne parviendront jamais qu'à procurer quelques adoucissements aux besoins des ouvriers en chômage, et c'est une erreur bien grande que de croire que le pain, le vin, les farines, les légumes et les fruits secs abonderont en énorme quantité, de manière que dans quelques jours les ouvriers n'auront plus faim.

Que l'on jette les yeux sur les listes de souscription ; à côté de quelques dons généreux, on y trouvera des industriels, des banquiers, des négociants, des capitalistes, riches à plusieurs millions, qui n'ont souscrit que pour 40 ou 50 francs ; plusieurs même de cette catégorie n'ont paru sur aucune liste ; et si l'on établit une proportion morale sur les sentiments des possesseurs ruraux avec nos capitalistes, et sur la générosité qui doit en être la conséquence, nous pouvons croire que cette générosité sera bien éventuelle ; et pour plus de confirmation, nous citerons un fait qui fait connaître l'indifférence, sinon l'avarice de six millionnaires à l'égard de leur ancien professeur qui leur demandait des secours, seulement chacun cinq francs pendant trois ou quatre mois, époque à laquelle devait se terminer un procès où l'existence de ce malheureux vieillard devait être assurée. Un seul, Monsieur J., a été accessible aux cris de l'humanité et aux souvenirs des soins d'un second père.

Nous le disons avec regret, le mal est plus grave que ne le pense M. de Roland, et le remède est plus difficile qu'il ne le dit; il l'avoue lui-même dans le numéro du 11, lorsqu'il dit : La question la plus pressante est la situation des ouvriers sans travail. Le *Siècle* émet aussi une idée pleine d'humanité; il propose une cotisation dans chaque administration et en même temps il prêche d'exemple. Nous applaudissons de toutes nos forces à des générosités si louables et si opportunes; mais encore une fois, ce ne sont que des soulagements précaires, tandis que nous voulons un remède efficace et durable : il n'est ni dans les souscriptions, ni dans les dons en nature facultatifs; il est dans nos institutions et dans l'esprit de nos législateurs, dans la sagacité de nos hommes d'état; il est, enfin, au fond du cœur de notre Souverain dont l'admirable discours est une preuve de sagacité, une garantie pour la France et un témoignage évident de sa sollicitude pour les institutions favorables aux classes pauvres.

Quoi de plus loyal et de plus paternel que ce que promet Sa Majesté dans ce qui suit : « Dites à vos concitoyens que je serai prêt, sans cesse, à accepter ce qui est l'intérêt du plus grand nombre. Qu'ils envoient à la Chambre des hommes qui, comme vous, acceptent, sans arrière-pensée, le régime actuel. » Oui, Sire, pas d'utopistes, pas de bouleversement, mais avec les améliorations qu'exigent les circonstances futures', il n'est pas permis de douter du complément de votre phrase : elle est dans votre cœur. La marche d'un état est toujours progressive ; la stabilité d'une nation, celle des mœurs, des lois et des institutions en général est impossible. Toutes les nations du globe se mettent simultanément en mouvement pour chercher le bien-être ou le meilleur état possible.

La gloire de la France consiste donc dans la perfection de ses mœurs, dans l'amélioration de ses lois, dans la modification de ses institutions et dans la régénération de ses idées, progressant vers le bien. Les mutations de la vie humaine qui ravagent l'actualité et détruisent les systèmes primitifs, sont un tribut que le présent doit payer à l'avenir. Rien n'a échappé à la pénétration de Sa Majesté, mais nous applaudissons particulièrement aux encouragements à l'agriculture plutôt qu'aux sciences et aux arts ; c'est au sol de la France qu'est le remède infaillible et propre à cicatriser la plaie qui ronge la société, et que M. de Roland veut guérir avec des dons en nature ; que le *Siècle*, le *Temps* et d'autres journaux veulent faire disparaître avec des cotisations faites dans toutes les administrations. Eh quoi ! la France est florissante ; nous avons un sol qui peut nourrir, suivant l'opinion de plusieurs économistes, près de cent millions d'habitants, et nous tremblons au plus petit coup de tonnerre, à la moindre intempérie ! Nous sommes tributaires à l'étranger pour nos céréales, même en récolte moyenne, et l'on veut faire disparaître la misère par enchantement ! Tout le monde veut être fabricant, marchand, commerçant ou négociant, personne ne veut être cultivateur; et l'on veut que quelques cotisations facultatives et temporaires guérissent une plaie qui s'élargit tous les jours.

A-t-on remarqué 1° que nous avons plus de vingt millions de travailleurs à satisfaire, et que ce nombre augmente tous les jours; 2° que six milliards de capitaux ou numéraires échappent à l'impôt; 3° qu'il y avait sur les listes de souscriptions de bien mesquines générosités de la part de ces possesseurs de capitaux, abrités derrière ce privilége, qui les prive du titre honorable de bons citoyens en les dispensant de contribuer aux charges de l'état convenablement; 4° que la dépense publique croît à mesure que la population, la civilisation, la prospérité et la richesse de la France augmentent; 5° que ce sont nos progrès qui ont nécessité ces dépenses énormes que l'on est tenté de reprocher au Gouvernement français; 6° que ce sont ces monuments somptueux, ces fortifications maritimes et civiles, ces routes, ces canaux, ces quais, ces ports de mer, ces chemins de fer, ces boulevards, ces belles rues, cette artillerie, et toutes ces améliorations faites dans l'armée de terre et de mer, auxquelles nous devons joindre les dépenses énormes qu'ont nécessitées les guerres que la France a eu l'honneur de soutenir si glorieusement, mais qui ont forcé la main de nos législateurs et de nos hommes d'état.

Comme vous, Sire, nous avons vu que lorsque la prospérité augmente, les dépenses publiques subissent un accroissement proportionnel, parce que les besoins s'élargissent et la police devient plus coûteuse; mais nous avons remarqué aussi que ces dépenses suivent les numéraires en circulation; cette remarque nous a conduit au budget de Napoléon Ier, qui n'était que de six cent millions avec 130 départements en 1814, époque à laquelle le numéraire était de quatre milliards; mais la proportion, qui amène un milliard et trois cent millions de budget au lieu de six cent millions, a contre elle deux considérations importantes, les contributions et les guerres faites chez nos ennemis. Ajoutez à ces considérations le temps que n'a pas eu Napoléon de travailler, comme il l'aurait voulu, aux embellissements d'une nation qu'il aimait. Cependant, malgré les sept coalitions que lui a suggérées la perfide Albion, malgré ses cinquante batailles rangées, il a fait exécuter des canaux et de nouvelles routes; il a abaissé les Alpes et ouvert le passage sur le Simplon et le Mont-Cenis; il a dompté la mer à Cherbourg, à Dunkerque, à Boulogne, au Hâvre; il a desséché les marais de Bourgoin, de Contentin et de Rochefort; il a fait élever des greniers d'abondance; il a fait achever le Louvre et a créé le plus riche musée de l'Europe, sans emprunt aucun, mais il a laissé beaucoup à faire : c'est ce qui préoccupe et exécute Napoléon III, son digne successeur.

Nous avons pris acte des sentiments patriarchals de Sa Majesté, exprimés par les mots suivants : « Accroître la prospérité de la France, sans abus et sans affaiblissement du pouvoir remis entre mes mains; » c'est-à-dire sans que les intérêts d'une partie de la nation puissent être favorisés au préjudice de l'autre. Or, les conflits industriels, qui résultent de la guerre d'Amérique, sont donc indépendants de la volonté souveraine, parce que les prévisions ne sont point à la charge du chef de l'état; mais raisonnons.

La France est florissante, c'est vrai : nos magasins sont pleins, c'est encore vrai, malheureusement. Nos greniers regorgent, mais ce n'est pas l'état qui les possède, ce sont les spéculateurs. Nous n'avons ni famine, ni peste, ni disette; fort heureusement. De tous côtés s'élèvent des édifices dont la magnificence éclipse l'admirable architecture des Indiens, des Arabes et des Goths; nos principales villes resplendissent de luxe, et l'on voit de toutes parts s'élever des monuments somptueux, des quais magnifiques, des boulevards admirables, des rues nouvelles et spacieuses flanquées de trottoirs, qui s'harmonisent élégamment avec la somptuosité de ces superbes constructions dont l'architecture fait la gloire des arts de notre siècle et annoncent la prospérité d'une nation.

Mais quoi! avec tous ces avantages et ceux qui nous échappent, nous ne sommes pas en mesure de nous préserver du danger d'un chômage qu'il serait si aisé de prévoir. Avec cette prospérité incontestable, cette abondance de produits, un million et plus de travailleurs, instrument infatigable de la prospérité nationale, manquent de pain. Pas un œil lucide, pas une idée lumineuse n'a trouvé un remède efficace pour parer aux éventualités du chômage! rien n'a surgi du cerveau des gardiens de nos intérêts! Le devoir, le respect, le droit, l'honneur de seconder les idées lucides de notre souverain dans l'accomplissment de ses désirs, ne les a pas animés. Cette noble harmonie qui concilie et favorise tous les intérêts généraux, qui, par conséquent, constitue le bon ordre et la prospérité, qui est l'âme de l'unité, le véhicule du principe civilisateur plein de sagesse, n'a pas fait battre leur cœur; pas un sentiment de prévoyance, fondé sur l'humanité, n'est venu réveiller ce profond germe qui alimente, dans notre siècle de lumière, ces brillantes inventions. Eh bien! nous qui agissons sans mandat et sans intérêt, sans droit et sans ostentation, nous avons osé nous poser en face de cette imprévoyance. Mais quelle est donc, dira-t-on ici, cette idée lumineuse qui a surgi du cerveau d'un vieux pédagogue?..... c'est tout bonnement l'œuf de Christophe Colomb, dont il fallait chercher l'équilibre.... ce sont les DÉFRICHEMENTS communaux, qui non-seulement tiendront en équilibre tous les intérêts généraux, mais qui augmenteront encore les productions du sol et procureront le bien-être par l'augmentation des produits et le travail continuel. Mais nous voulons que cette mesure de prévoyance ne soit que facultative, parce qu'elle est destinée à ne recevoir que les ouvriers rejetés du sein de l'industrie; mais ce qui mérite l'attention de nos hommes d'état, pour équilibrer le travail, c'est le monopole de fait, c'est le caprice du maître quand il lui arrive, sous prétexte de concurrence, de faire une spéculation sur la journée d'une grande quantité d'ouvriers, et les mutations que subissent les différentes branches de l'industrie dont la prospérité ne peut être uniforme. Nous avons de grands développements à fournir pour justifier les mesures économiques que nous conseillons.

Si nos idées sont traitées d'utopie, nous n'en serons ni surpris, ni découragé, parce que nous savons qu'on a traité de fou Christophe Colomb quand il a deviné un autre monde; que Ferdinand l'a fait enchaîner en reconnaissance du cadeau qu'il lui avait fait de l'Amérique; que Jeanne d'Arc a été traitée de visionnaire quand elle a offert de chasser les Anglais, et qu'on l'a laissée brûler en reconnaissance d'avoir sauvé la France; qu'on a pendu Marigny pour avoir dit la vérité à son roi; qu'on s'est moqué de Berthold, inventeur de la poudre; qu'on a tyrannisé Gutemberg, inventeur de l'imprimerie; qu'on a éconduit Parmentier qui a sauvé l'humanité en créant la plantation, en France, de la pomme de terre; qu'on a massacré Ebn-Moklha, inventeur des chiffres dont nous nous servons, à cause de ses connaissances; qu'on a voulu traîner au Rhône, et il ne s'est sauvé que par miracle, l'infortuné Jacquard, à qui notre fabrique doit son illustration. Telles sont les appréciations judicieuses et les rayons de lumières qui jaillissent souvent de certains cerveaux. Nous sommes à une trop grande distance de ces hommes de génie, pour nous croire à l'abri d'une critique sévère; mais nous pouvons faire remarquer que ce n'est point une invention que nous offrons, c'est une amélioration dont nous faisons sentir l'utilité en préconisant l'agriculture.

DEUXIÈME LECTURE.

La théorie, ou l'application de nos modifications qu'on a essayées sans succès dans certaines localités, est subordonnée aux circonstances qui surgissent dans toutes les entreprises où les difficultés disparaissent devant le génie des directeurs de ces travaux, qui, cette fois, ne seraient plus facultatifs, mais obligatoires.

Ce remède aux maux qu'endurent alternativement chaque classe d'ouvriers, a une influence très grande sur la sécurité de l'état et sur les conflits dont parle Sa Majesté. Ne craignons pas de le dire : l'agriculture et l'industrie sont aux prises, et le combat se livre sur le terrain de la faim et sur celui de l'opulence. Ce terrible champ de bataille, qui caractérise le despotisme et la servilité, doit s'aplanir devant nos institutions et céder aux efforts que fait notre Souverain pour le rendre uniforme et agréable aux plébéiens comme aux patriciens. Sa Majesté crée, développe ou sanctionne ; mais la fragilité humaine ne cède sa part à personne, les imprévoyances percent les évènements : ces imprévoyances ne sont point du domaine impérial ; l'empereur ordonne, ses ministres exécutent. Tout le monde sait qu'il ne respire que pour le bonheur de son peuple. Les accidents qui résultent de l'exécution qu'il ordonne, sont indépendants de sa volonté ; ils appartiennent au régulateur, au chef d'administration, qui doit interroger le passé afin de connaître l'avenir et prévoir tous les dangers qui peuvent compromettre sés nouveaux plans législatifs; ce qui n'est pas toujours aussi aisé qu'on pourrait le penser.

Sa Majesté l'a senti lorsqu'il a dit : « Les revenus de l'état augmentent sans cesse par le simple fait de l'accroissement de la prospérité générale, et la situation de l'empire serait florissante si la guerre d'Amérique n'était pas venue tarir une de nos ressources les plus fécondes de notre industrie; » et il ajoute : « La stagnation forcée du travail a engendré, sur plusieurs points, une misère digne de notre sollicitude, et un crédit vous sera demandé pour secourir ceux qui supportent avec résignation les effets d'un malheur qu'il ne dépend pas de nous de faire cesser. »

Il cessera, Sire, si nous avons prononcé le véritable mot prophétique de DÉFRICHEMENT auquel se rattache celui d'agriculture; il peut sauver l'humanité. Comme vous, Sire, nous avons remarqué que l'accroissement de la prospérité générale, et en même temps une misère digne de votre sollicitude résultaient des fluctuations de l'industrie. Il faut faire disparaître ces mutations pernicieuses. Nous avons remarqué aussi que les revenus de l'état augmentent non-seulement avec la prospérité, mais encore avec l'augmentation du numéraire; et s'il est vrai, comme nous le pensons avec vous, qu'une circonstance malheureuse vous force à demander un crédit pour diminuer la misère de nos ouvriers cotonniers, nous avons donc raison de chercher des moyens propres à élargir et rendre la prospérité *plus étendue*, et nous devons nous prémunir contre de nouveaux conflits qui seraient bien autrement sérieux que ceux des cotonniers.

Pour guérir le mal, il faut connaître le remède et étudier l'origine de la plaie. Que les gardiens de notre sécurité se donnent la peine d'examiner si notre prospérité, qui devrait être la mère nourrice de toute la nation, prête ses mamelles aux prolétaires comme aux capitalistes, ils reconnaîtront que toute la fortune, ou si l'on veut, la prospérité est entre les mains des spéculateurs avides parmi lesquels se trouvent ceux qui, de quinze cents, de douze cents, de quatre cents francs, sont arrivés à posséder quarante millions et même plusieurs milliards, et que ces parvenus, dont les intérêts se croisent avec ceux des travailleurs, sont les sangsues du gouvernement et les ennemis du peuple qui, cependant, est le seul et véritable pilier de la société; car, tout le monde sait que le travail seul est la base qui soutient l'édifice social et non le numéraire, qui n'est qu'un moyen pour faciliter le libre échange, créé d'abord pour nos besoins, ensuite pour nos désirs, qui ont amené le superflu qu'on appelle fortune. Que nos régulateurs remarquent 1° que l'industrie, ou ce que l'on appelle prospérité, a dépeuplé déjà cinquante-trois départements en faveur de quelques cités mercantiles; 2° que la stagnation de la rubanerie, de la soierie, de la chapellerie, de la métallurgie menace Lyon, St-Etienne, Roanne, Thizy, Givors, Tarare, dans nos parages et toutes nos villes manufacturières de France, qui ont vu s'échapper de leur sein, non-seulement leur prospérité, mais encore l'industrie qui constituait l'existence d'un grand nombre d'ouvriers. Dans tous les temps l'ouvrier a lutté contre son maître; aujourd'hui il a encore un ennemi plus terrible, ce sont les passions dont on lui donne de si pernicieux exemples. « Il n'y a point de liberté, dit M. Chassin, entre hommes inégaux en moyens et en pouvoir. L'ouvrier dont la subsistance journalière dépend tout entière de son travail est totalement à la merci de ses maîtres. Jamais, dit-il plus loin, le travail venant à manquer, la bienfaisance ne peut assurer la subsistance de l'ouvrier; tandis que s'il est payé suffisamment, il pourra, avec de l'économie, n'être à charge à personne. » Nous sommes donc dans le vrai en disant que les souscriptions ne sont que des palliatifs, qui n'empêcheraient pas aux évènements de surgir dans un temps plus ou moins éloigné; nous devons nous prémunir contre ces événements.

Ce conflit ou cette catastrophe que nous pouvons éviter, ne serait-elle pas une conséquence naturelle de la fluctuation industrielle sur laquelle nos gardiens doivent arrêter leurs regards, réglementer cette prospérité et parer aux évènements malheureux, qui prennent leur source dans une organisation susceptible d'une grande perfection.

Personne ne nie le fond des remarquables discours de l'Empereur; tout le monde voit et sait aujourd'hui que toutes les classes de la société sont affranchies, et que l'intelligence a le droit de parcourir le domaine intellectuel dont les portes sont ouvertes aux fonctions de l'intelligence, aux grades mérités, aux emplois, au mérite individuel, à la valeur, à la capacité, qui sont coordonnés dans l'ordre social, et circonscrits dans un cercle si régulier qu'il fait l'admiration des autres puissances; mais ce faisceau de lumières dont l'émanation a peut-être quelque chose de divin, ne peut être ni parfait, ni immuable. Il y a dans les Etats toujours quelque chose à prévoir par l'administrateur chargé de veiller à l'ordre, à la bonne exécution et à la prévoyance gouvernementale; car, comme le dit M. Camus, à propos des idées de M. Thiers, « notre constitution est éminemment perfectible; elle a déjà reçu des améliorations utiles; elle est capable d'en recevoir d'autres, et il n'appartient à personne de fixer d'avance les limites infranchissables à ses modifications salutaires; c'est à l'Empereur, c'est au Sénat qu'il laisse le soin de provoquer ces perfectionnements et de les accomplir. Nous sommes affligés que cette opinion soit si radicalement contraire à l'extension des droits de nos assemblées législatives et représentatives; mais nous n'en sommes point alarmés pour l'avenir de la France. »

Nous sommes heureux de voir coïncider nos idées avec celles de nos hommes d'état et des écrivains si éminemment distingués. Nos mœurs, nos lois, nos institutions, qui, déjà, ont reçu une heureuse impulsion, en attendent d'autres. Nous ne vivons plus dans un temps de barbarie et d'ignorance; notre intelligence, appliquée à l'industrie et au commerce, aux sciences et aux arts, a triomphé de tous les obstacles; elle a amené une certaine prospérité que personne ne peut nier. Pour parler plus clairement, nous avons atteint la perfection dans l'invention et la fabrication qui font la gloire de la France. Nous avons illustré notre nation, et nous l'avons placée à la tète de la civilisation européenne. Les œuvres de nos industriels, de nos physiciens, de nos architectes, brillent de toutes parts. On est parvenu, non-seulement à construire des monuments remarquables avec une architecture variée dont ils sont enrichis, mais encore à changer l'eau de nos ruisseaux en pactole, roulant l'or abondamment ; à sillonner la terre et l'eau pour transmettre nos idées et mouvoir notre corps miraculeusement ; à faire d'une ville ensevelie dans les ténèbres une cité éblouissante de lumières ; c'est magnifique, c'est même admirable, et nous contemplons avec plaisir ces merveilles de l'industrie. Mais nous voudrions que le cœur des hommes se fût amélioré dans les mêmes proportions, et que l'admirable sympathie, la douce amitié, la tendre affection, eussent fait les mêmes progrès dans l'humanité, que l'intelligence humaine dans l'industrie ; en un mot, ce sont les progrès du cœur que nous désirons plutôt que ceux de l'esprit.

Ne nous trompons point, la mise en pratique des vertus sociales serait aussi du ressort du ministre de prévoyance, s'il y en avait un, car il est aussi nécessaire de travailler à la sagesse des peuples, qui les initiera dans l'ordre et dans l'accomplissement de leurs devoirs, que de leur procurer quelques livres de soie et de coton, où, faute d'une caisse de prévoyance, et mieux encore, dans l'absence d'une économie raisonnée, ils deviennent la proie des jours chômants. Nourrissons l'âme et le corps, apprenons à être sage, et nous verrons diminuer les crimes.

Les administrateurs de nos grandes compagnies

n'ont pas besoin de nos leçons pour obtenir des di-
videndes énormes dont profitent, sans rien faire, les
actionnaires de ces sortes de sociétés; mais nous leur
en donnerons d'autres non moins importantes sur
les résultats heureux de plusieurs sociétés où l'on
pouvait et devait prélever un décompte en faveur
de la caisse de prévoyance qu'il est si nécessaire
d'établir. Ils n'ont pas remarqué que si 1000 compagnies ont gagné chacune 100,000 fr., elles ont
centralisé et déplacé 100,000,000 de capitaux ou
de crédits publics, et dépossédé peut-être dix millions
de personnes d'une certaine somme; c'est ce qu'on
appelle prospérité, et l'on ne se trompe pas, puisque
cela donne de l'activité à un grand nombre d'usines,
qui occupent une quantité immense d'ouvriers, et où
le développement de l'intelligence a trouvé son aliment.

Mais, répétons-le, plusieurs dangers se cachent sous
la brillante fluctuation de cette fortune permanente:
1° la dépossession des petits propriétaires qui augmentent le nombre des affameurs et les dépenses de
l'état pour contenir ou protéger ces hommes ruinés et
malheureux. 2° L'improduction de l'agriculture qui
naît de la diminution des producteurs, dont la plupart se réfugient dans les villes, ou par orgueil, ou par
intérêt, ou enfin par nécessité. 3° La multiplication
des produits industriels par la création des usines qui,
se répandant de toutes parts, ne peuvent moins faire
que de tarir la source de l'écoulement de nos produits, lesquels, d'un côté, se multiplient et font naître
le trop plein, et de l'autre interceptent le débouché
par la création des fabriques que cette frénétique pros-

périté a fait transporter dans les lieux vivificateurs, qui se trouveront tôt ou tard dans la nécessité de rejeter nos produits. S'ils produisent eux-mêmes, n'est-il pas clair que les demandes de l'étranger seront plus rares, à mesure que les établissements primitifs se multiplieront chez eux et encore chez nous ?

Quel résultat attend-on de cette immense quantité de produits industriels ? la fortune pernicieuse de nos capitalistes, la ruine des petits commerçants, le malaise des travailleurs, les ravages du monopole et l'augmentation des charges de l'état, s'il n'arrive pire.

Cet état de choses doit encore être prévu et attirer les regards de nos pourvoyeurs, parce qu'il est certain que si la campagne continue son émigration en abandonnant la charrue, paisible instrument de notre véritable prospérité, pour s'emparer du marteau tumultueux qui leur a ouvert le temple du plaisir et en même temps de l'immoralité, il arrivera que, dans un temps donné, la France se trouvera écrasée comme sous Charles V, par une quantité immense de malandrins, qui, au lieu d'être dirigés vers la Castille par Bertrand Duguesclin, s'organiseront pour faire du bien ou du mal. Mais comme l'un est plus sûr que l'autre, nous ne devons pas attendre cette époque : l'exemple que nous ont donné les cent mille hommes à qui Lamartine a fait courber la tête à Paris, et les trente mille que Arago a arrêtés à Lyon, nous ordonnent de mettre la main à l'œuvre le plus tôt possible. Certes le peuple, qui a fait preuve à cette époque d'une sagesse remarquable, n'est point démoralisé, mais il est aigri ; il a suivi le torrent des passions, il a été entraîné vers les jouissances, il a osé mesurer sa dignité avec celle du spéculateur adroit, qui lui a donné des exemples pernicieux; et dans cette comparaison, il a compris que la fortune est un accident de la vie humaine et un caprice du destin où le hasard et la ruse ont une plus grande part que les talents et la vertu; et avec cette lucidité, il ne serait pas aussi aisé d'arrêter aujourd'hui la fougue tumultueuse des hommes qui n'écouteraient que les conseils de leurs besoins et de leurs désirs. Dès lors prémunissons-nous contre l'oisiveté, en créant partout des DÉFRICHEMENTS communaux : c'est sur ce principe que doit être fondé la sécurité de l'état.

Oui, Sire, la prospérité existe, nous ne le nions point, nous ferons même bientôt voir que si l'on vous demandait compte de votre gestion, vous pourriez présenter la France avec une plus-value de plus de *douze milliards;* mais ce boni qui, selon nous, devrait être entre les mains du gouvernement, comme nous tâcherons de le démontrer plus loin, est entre les mains des spéculateurs avides, qui sont devenus les créanciers et les ennemis clandestins de l'état, par le luxe, la magnificence des arts et des sciences, qui ont affamé les masses. Et voilà le mal dont nous cherchons le remède. Des rhéteurs osent préconiser un principe qui a enfanté ce luxe trompeur, qui ronge le peuple, nous le répétons, endette l'état, ruine le petit commerce, propage le monopole, maintient la hausse des denrées, rend illusoire une bonne récolte, augmente nos besoins, diminue nos ressources, paralyse la vertu, fortifie le vice; puis, dans cet ensemble d'intérêts divers, qui se croisent et se nuisent mutuellement, dans cet état de prodigalité, dans ces habitudes usurpatrices, dans ce cumul d'emplois, dans tous ces besoins que l'on s'est créés et que l'on ne peut satisfaire, qu'arrive-t-il? la confiance disparaît, la bonne foi s'éteint, la bourse se vide, la raison se cache, la vertu s'enfuit, le vice s'approche et le crime le suit. Alors l'ambition avec son vicieux cortége ne trouve d'aliments que dans ce luxe, qui a perdu toutes les nations de l'antiquité et menace la nôtre; interrogeons l'histoire, elle nous apprendra que ce talisman dangereux, accompagné de l'ambition et de la jalousie, a fait le tour du globe avec la torche à la main pour brûler, incendier ou détruire des nations, des villes et des bourgades qu'avaient fondées le besoin et la simplicité. La revue que nous allons faire le prouve clairement; elle prouvera aussi que toute crainte disparaîtra quand le gouvernement possédera les grandes entreprises.

TROISIÈME LECTURE.

Commençons à la création du monde; certes, le premier homme sortant du limon de la terre et des mains de l'intelligence suprême, ne devait pas être entaché de l'esprit mercantile, non, mais né avec son libre arbitre dont il a fait usage en montrant sa mauvaise tendance, il a tout sacrifié à la faiblesse pour sa femme, à l'orgueil pour ses connaissances, et à la gourmandise pour le goût; il n'a pas craint de désobéir à son créateur, il est devenu par là le principe du mal et l'origine des vices qui nous affligent, et que nous pourrions éviter avec plus de sagesse et moins d'ambition que l'on trouve dans l'amour de l'agriculture.

Tout le monde sait que Caïn, fils d'Adam, tua son frère Abel par jalousie, et qu'il est le premier meurtrier; mais ce que peut-être vous ne savez pas, chers élèves, c'est que Tubulcaïn, un de ses descendants, fut l'inventeur du fer meurtrier qui ne devait d'abord servir que contre les animaux féroces ; et que Noema, sa sœur, inventa l'art de faire, à la main, des étoffes de laine. Voilà donc l'origine des combats et de l'industrie à l'état d'innocence, et restreints aux besoins de la vie humaine; mais bientôt après, le tien et le mien armèrent les hommes les uns contre les autres : la vanité, déjà, avait amené le trafic, l'ambition amena la guerre; alors, le fer, inventé pour servir contre la brute, fut employé ensuite par l'iniquité des hommes pour la destruction du genre humain. Nous avons donc raison de combattre l'ambition et de prêcher l'amour de l'agriculture.

Nous ne suivrons pas la généalogie de Diodore, ni celle de plusieurs historiens qui nous font remarquer, en s'appuyant sur leur optimisme plutôt que sur les Écritures, que Caïn a dit : « Quiconque me trouvera maintenant me tuera, » paroles qui font supposer qu'il y avait d'autres hommes avant lui. Nous ne trouvons pas ces phrases dans la Bible que nous croyons être un meilleur guide, mais elle nous laisse ignorer beaucoup d'évènements pendant 1656, époque du déluge,

2468 ans avant Jésus-Christ. Nous savons seulement que ces peuples s'abandonnèrent à toutes sortes de crimes et s'attirèrent la colère de Dieu. Nous ne chercherons donc pas la généalogie de Caïn, ni quelle fut sa femme, ses enfants; s'il est vrai qu'il ait bâti la première ville et qu'il l'ait nommée Hénoc, du nom de son fils. Nous ne parcourrons pas le monde en historien : les Rollin, les Anquetil, les Mezerai, les Vertot, les Lacretelle, etc., ont dit tout ce qu'il fallait dire; nous ne pourrions que répéter les mêmes choses comme ils ont fait. Nous cherchons les peuples qui ont pratiqué la vertu et aimé l'agriculture, afin de vous les donner pour modèle, Messieurs, et ceux qui, ayant cultivé les arts et les sciences, ne sont devenus ni plus heureux, ni plus sages, et n'ont pas même su conserver leur dignité comme hommes justes, ni leur prépondérance comme conquérants; ils n'ont fait preuve que d'orgueil et d'ambition; mieux valait l'amour de l'Agriculture.

Nous voudrions arriver à Abraham qui fut, dit-on, le premier calculateur en 1920 avant J.-C. ; mais Flavius Joseph nous dit que Caïn inventa des poids et des mesures, et que ce fut le premier qui planta des bornes pour distinguer les héritages, et quels héritages? puisqu'il était seul possesseur avec son père. Voilà comment les historiens ont voulu rendre l'histoire sainte diffuse, parce qu'il est aisé de remarquer que ces dispositions de Caïn sont trop rapprochées de la création, pour que les peuples de cette époque aient pu en avoir besoin; il faudrait en nier la date qui nous ferait suspecter l'authenticité de l'histoire sainte;

autant nier le soleil. N'en déplaise à nos historiens, qui donnent différentes origines aux Egyptiens, aux Scytes, aux Chinois, nous attendrons que ces messieurs soient d'accord pour changer la nôtre.

Nous ne doutons pas de la nécessité où se sont trouvés les premiers peuples de déterminer leurs limites : l'ambition et les besoins ont fait naître le désir de la possession, et comme l'appétit vient en mangeant, la possession a fait naître le superflu, devenu la source des discordes qui affligent le monde et ruinent les états. Il faut donc apprendre à tempérer ses désirs ; c'est peut-être ce qu'on a trop négligé d'enseigner dans toutes nos institutions, et si nos idées sont accueillies favorablement, nous croyons que nous aurons bien mérité de l'ordre et de l'humanité.

Reprenons Abraham, qui donna les premières leçons d'arithmétique aux ministres de Pharaon ; mais il fut aussi le premier possesseur de grands biens, car il avait de nombreux domestiques qui valaient une petite armée. Ses biens devinrent la cause de la discorde entre lui et Loth, son neveu, qui se sépara de son oncle pour aller trafiquer à Sodome, et jouir des plaisirs dont cette ville était devenue le berceau. Que de villes en France sont devenues des Sodome ! Cela fait rendre au fisc, dit-on ; oui, mais cela fait tort à la morale, et le bien est plus nécessaire que le mal, qui est toujours permanent : vous allez vous en convaincre.

Sodome excita bientôt la jalousie, ou plutôt la cupidité de quatre rois, ses voisins, qui la détruisirent et se partagèrent ses dépouilles ; ils emmenaient Loth captif, qui fut délivré par les nombreux domestiques d'Abraham; ce qui prouve, comme dit l'Ecriture, que les richesses sont toujours cause des malheurs des nations. Continuons notre revue; nous en trouverons de nouvelles preuves, et vous reconnaîtrez la nécessité de vous attacher à l'agriculture plutôt qu'à l'industrie, qui conduit toujours à l'ambition.

Après la mort de Moïse, les Juifs firent la conquête du pays de Canaan; nous ne devons pas demander de quel droit, on le devine: c'est le sentiment que nous poursuivons; c'est l'ambition et la jalousie; parce que la Judée, la Phénicie, l'Arabie, la Syrie, et toute la Palestine, qui ont été, de tous les pays, les premiers commerçants, excitèrent la jalousie. On sait que ces pays furent d'abord gouvernés par des juges, ensuite par des rois; Saül, David, Salomon et son fils Roboam amassèrent de grandes richesses, et furent cause du libertinage et des prodigalités de ces quatre princes, qui firent perdre à ce dernier les neuf dixièmes de son royaume. Nous croyons qu'il n'est pas nécessaire de suivre l'historien qui nous donne des détails trop exagérés sur les femmes étrangères, et sur la magnificence des temples que ces princes firent bâtir; seulement, nous prions nos élèves de remarquer que ce fut toujours ce luxe et cette magnificence qui amenèrent les évènements qui vont suivre.

Jéroboam, de la tribu d'Ephraïm, fils de Nabat, ex-intendant de Salomon, fut mis à la tête de dix tribus par le peuple, qui s'était révolté contre Roboam, prince altier et orgueilleux, à cause de ses richesses, dit l'Ecriture; mais Jéroboam devint bientôt aussi prodigue que ses prédécesseurs, il faisait adorer le veau d'or.

Oui, Messieurs, les richesses et la prospérité sont une contagion qui aveugle la plupart des hommes ; car d'où résultait l'impiété des Israélites qu'on appelait les gentils ? d'où résultaient les débordements d'Acab et de Jesabel, dont la fille Athalie porta la dépravation dans l'estimable famille de Josaphat, en épousant son fils Joram qui devint aussi impie que son beau-père, et qui mourut au sein des plaisirs de ses débordements, si ce n'est des jouissances sensuelles qu'alimentaient ces immenses richesses ? Il est donc bien vrai, Messieurs, que la fortune a toujours corrompu les grands et que la misère a démoralisé les petits, conséquence funeste de la prospérité qu'il est bien aisé d'éviter avec un peu moins d'ambition et un peu plus de sagesse, c'est-à-dire dans le contentement du nécessaire qu'on est sûr de trouver dans l'amour de l'agriculture.

Salmanazar, roi d'Assyrie, longtemps après, instruit que les Juifs ou Israélites ne pensaient qu'à l'intérêt et oubliaient Dieu et la nation, fondit sur ce royaume, dispersa les dix tribus et s'empara de Samarie, trop riche pour être forte. Cette décadence avait été préparée par la magnificence du règne de Sémiramis, dont le luxe et la splendeur avaient démoralisé Ninias, son fils, que quelques historiens accusent d'avoir assassiné sa mère. Nous regrettons de ne pouvoir vous parler des crimes qui eurent lieu au milieu de ses conquêtes ; mais une remarque très judicieuse, c'est que ces états n'ont été détruits par des peuples belliqueux, plus braves que riches, qu'après être arrivés au plus haut degré de splendeur.

Quelques bons rois rendirent le peuple de Juda plus

heureux pendant quelque temps ; mais le mercantilisme, que nous poursuivons, ayant rendu Jérusalem très florissante, et par conséquent très aisée à conquérir , fut abandonnée aux armes victorieuses de Nabuchodonozor. La seconde conquête de cette ville, qui a été détruite plusieurs fois , fut faite par Sédécias, qui en fut chassé par Nabuchodonozor, son protecteur, envers lequel il était devenu ingrat : ce dernier lui fit crever les yeux ; mais avant, il fit égorger les deux fils de Sédécias en sa présence. Il mourut dans les fers ; ce fut la fin du royaume de Juda, 588 ans avant Jésus-Christ. Déplorons les crimes des anciens peuples, qui ne se sont pervertis qu'avec leurs richesses.

Le peuple Juif releva Jérusalem sous Cyrus, en 520 avant Jésus-Christ. Cyrus permit à Zorobabel de rebâtir le temple ; voilà les arts qui recommencent en cette ville. Mais ce n'est qu'en 223 qu'Artaxercès permit à Noémi et Esdras de la relever entièrement. Le grand Antiochus, protecteur des sciences et des arts, la laissa prospérer ; mais la cupidité de son fils fut encore fatale à cette ville. Après l'avoir saccagée, il la dévalisa ; il emporta les vases d'or, profana le temple, tyrannisa le peuple énervé par ces richesses ; mais il lui resta assez de courage pour aller féconder l'Egypte. Voilà donc un peuple qui sait fuir les arts et les sciences.

Cette tyrannie porta son fruit. Les Juifs sentaient la nécessité de se livrer à l'agriculture, puis à l'industrie. Cette contrée devint florissante, principalement depuis Sésostris jusqu'à Psaménite ; c'est alors qu'elle devait être heureuse puisqu'elle était riche. Eh bien ! sa splendeur fut cause qu'elle tomba sous une poignée de Persans,

à la tête desquels se trouvait le fameux Cambyse qui
fit aisément la conquête de ce peuple efféminé, parce
que, dit encore un autre historien, « les sciences et les
arts avaient énervé les Egyptiens. »

La Perse, à son tour, et presque toute l'Asie, paraly-
sée par le luxe, dit un autre auteur, ne put résister à
la Grèce, qui n'est cependant qu'un point sur le globe,
parce que cette puissance s'affaiblit à mesure qu'elle
devint savante. Les Grecs eux-mêmes, qui avaient
donné l'exemple de la force, de la tempérance et des
plus grandes vertus, furent vaincus par les Romains, et
ne passèrent sous leur joug, dit Rousseau, « que parce
que, au lieu de héros, il n'y avait plus que des artistes; »
mais le contact fut aussi pernicieux aux Romains. Les
vaincus communiquèrent à leurs vainqueurs leurs lumières et leurs faiblesses; et ce grand peuple, qui avait
vu presque toutes les nations à ses pieds, ce peuple qui
avait fait la conquête du monde, s'agenouilla devant les
sciences et les arts, et s'effémina à l'ombre des palmes
du luxe et de la prospérité; de sorte que, malgré les
efforts du vieux Caton, Rome et ses concitoyens se
courbèrent honteusement devant les beaux-arts. On
s'occupa de monuments et l'on oublia la patrie; dès lors,
l'amour des sciences et le relâchement de la discipline
fermèrent le temple de la gloire, et ce grand peuple,
qui avait fait trembler la terre, nous le répétons,
n'eut pas même assez de courage pour repousser une
poignée de barbares qui s'emparèrent de l'Italie, des
Gaules, de l'Espagne, et d'une partie de l'Afrique,
parce que ces peuples subjugués ne savaient plus ma-
nier que la règle et le compas; c'est cette prospé-

rité qui amena la chute de l'empire et termina la domination romaine.

La Syrie, où nos troupes ont été venger la chrétienté, est la première, dit l'abbé Chalier, « qui, après avoir été vaincue par les Romains, les a corrompus avec ses richesses, et l'héritage que Attale, roi de Pergame, leur laissa, acheva de les perdre; parce que cette grande abondance de biens et ces richesses excessives corrompirent entièrement les mœurs de ce peuple et ensevelirent la république Romaine, » dont l'empire croula bientôt et se termina, comme on va le voir, sous Oreste, dernier empereur d'Occident.

Nous arrivons ici à Clovis Ier; certes, celui-là ne s'inquiétait guère de la soie ni du coton. Cependant, c'est sous ce prince que les premiers vers-à-soie furent apportés des Indes; mais il n'a eu besoin d'aucune prospérité industrielle, d'aucun budget pour faire la conquête des Gaules, et anéantir les savants de cette époque; il a cependant rendu la France plus grande qu'elle n'est aujourd'hui. Les rois de cette époque subsistaient de leur domaine. Il vainquit Siagrius à la bataille de Soissons et le fit égorger; il mit fin à la domination romaine que les lettres avaient amollis; il vainquit et repoussa les Germains, et tua de sa propre main Alaric, roi des Visigoths; il fut le premier prince chrétien. Mais malgré les avantages de la religion, ces forfaits ne répondent guère à l'humanité qu'elle aurait dû lui inspirer : il fit massacrer Sigebert, roi de Cologne; Cararic, roi des Morins; Rignomer, roi du Mans; Ragnacaire, roi de Cambrai; et se rendit coupable de plusieurs assassinats sur ses parents et alliés, ce qui prouve que nous avons avancé en humanité. *Alius tempora alia mores.*

Edouard, roi des Herules, vainquit Oreste, dernier empereur d'Occident, et le fit égorger. Ces vainqueurs ne puisaient-ils pas leur cruauté dans leurs succès; et pourquoi appelle-t-on grand un vainqueur qui fait égorger les vaincus? ne vaudrait-il pas mieux dire grands criminels. Tous ces évènements eurent lieu, dit Montesquieu, « parce que le luxe de l'Orient et le goût des superfluités avaient détruit le courage des défenseurs de la patrie. » Notre opinion n'est donc pas erronée, puisqu'elle est sanctionnée par les hommes judicieux qui ont fait preuve de vertu et de sagacité.

Que faut-il ajouter à ces tableaux de la décadence des états par rapport aux arts et aux sciences? Les exploits presque miraculeux des Scytes, peuple demi-sauvage, qui n'avait d'autres villes que ses chariots, et d'autres armes que son courage et qui, cependant, a vaincu deux fois l'Asie, parce que cette grande puissance n'avait plus pour défenseurs que des peintres et des architectes.

Disons un mot des Indiens chez qui, autrefois, l'esprit humain était si élevé et les mœurs si douces, avant la conquête des Arabes et celle des Anglais. Les sciences ont fait tomber ce peuple dans la servilité la plus abjecte, surtout depuis qu'on y a implanté le mercantilisme et les vexations de l'industrie, dirigés par des hommes cupides et inhumains. Nous allons faire connaître l'égoïsme et la cruauté d'un grand peuple, qui a plusieurs fois planté son drapeau dans le cœur de ses sujets.

A nos Compatriotes.

L'opuscule que nous avons l'honneur de vous offrir, n'est point une œuvre de goût ni de génie; mais il pourrait bien être, au milieu du tourbillon qui remue toutes les intelligences humaines, l'œuvre de l'orgueil et de la nécessité.

Nous regrettons de n'avoir point à vous offrir les productions d'une imagination féconde, semblable à celle des hommes illustres et malheureux que nous allons passer en revue dans notre ouvrage, pour justifier nos idées; mais nos vicissitudes et nos principes, nos besoins et nos infirmités ont une similitude si parfaite avec les circonstances qui ont précédé la mort des Aristide, des Homère, des Dante, des Milton, des Michel-Ange et des Rousseau J.-J., que nous avons osé nous asseoir sur le même banc, seulement du côté du malheur.

Homère aveugle vendait ses vers pour vivre. Nous vous offrons, à peu près dans le même état de cécité, notre prose pour les mêmes motifs; car la prospérité de notre famille ne nous garantit pas d'une fin malheureuse.

Cette prose parcourt un champ qui n'a pas de limites. La prospérité de la France nous ouvre la porte du temple des mœurs antiques et des mœurs actuelles, que nous élaborons avec le désir de mériter votre appréciation, et l'espoir que vous accueillerez favorablement nos efforts et nos bonnes intentions.

Lyon. Impr. de Th. Lépagnez, petite rue de Cuire, 10.